Impressum
Verlag: BABADADA GmbH, Nedderfeld 112 , 22529 Hamburg
Geschäftsführer / Verlagsleitung: Harald Hof
Druck: Books on Demand GmbH, In de Tarpen 42, 22848 Norderstedt

Imprint
Publisher: BABADADA GmbH, Nedderfeld 112 , 22529 Hamburg, Germany
Managing Director / Publishing direction: Harald Hof
Print: Books on Demand GmbH, In de Tarpen 42, 22848 Norderstedt

el colegio
школа

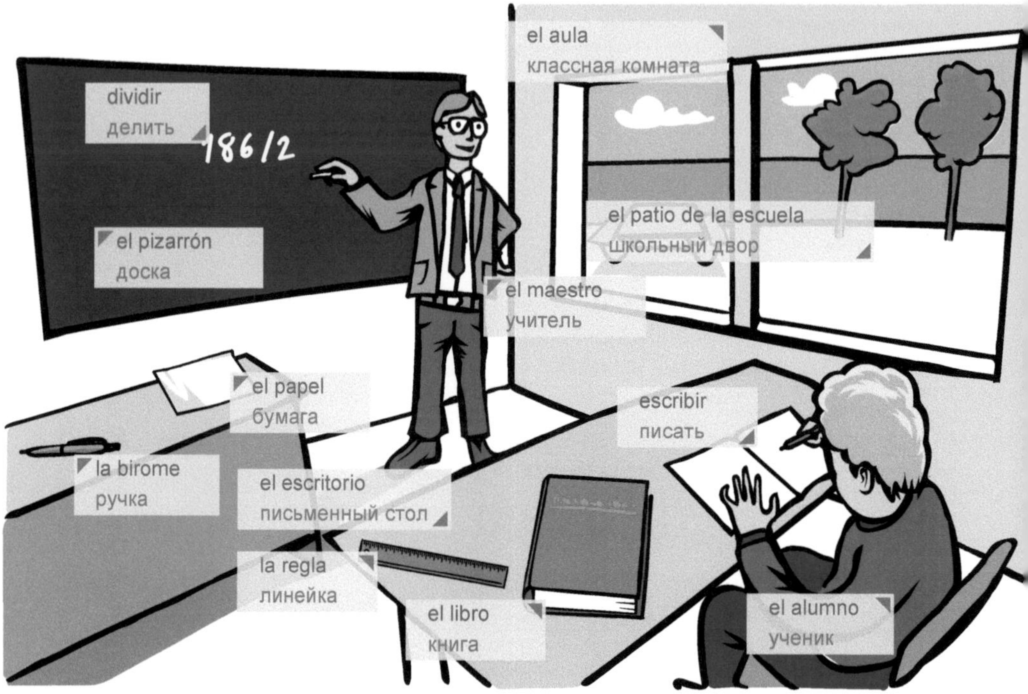
el aula
классная комната
dividir
делить
186/2
el pizarrón
доска
el patio de la escuela
школьный двор
el maestro
учитель
el papel
бумага
escribir
писать
la birome
ручка
el escritorio
письменный стол
la regla
линейка
el libro
книга
el alumno
ученик

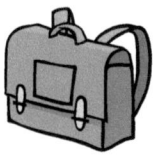

la mochila
ранец

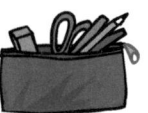

la caja de lápices
пенал

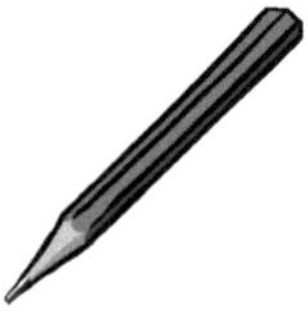

el lápiz
карандаш

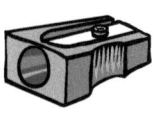

el sacapuntas
точилка

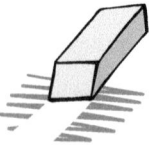

la goma (de borrar)
ластик

el bloc de dibujo
альбом для рисования

el dibujo

рисунок

el pincel

кисточка

la caja de pinturas

коробка красок

la tijera

ножницы

el pegamento

клей

el cuaderno de ejercicios

тетрадь

la tarea

домашняя работа

el número

цифра

el número
sumar

прибавлять

restar

вычитать

multiplicar

умножать

calcular

считать

la letra

буква

el abecedario

алфавит

la palabra

слово

el texto

текст

leer

читать

la tiza

мел

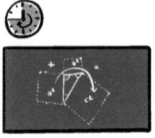

la lección

урок

el cuaderno de clase

классный журнал

el examen

экзамен

el certificado

диплом

el uniforme escolar

школьная форма

la educación

образование

la enciclopedia

энциклопедия

la universidad

университет

el microscopio

микроскоп

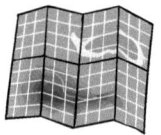

el mapa

карта

el tacho (de basura)

корзина для бумаг

el viaje
путешествие

el hotel
гостиница
Grand
el hostel
турбаза
ROOMS
EXCHANGE
la casa de cambio
пункт обмена валюты
la valija
чемодан
el auto
автомобиль

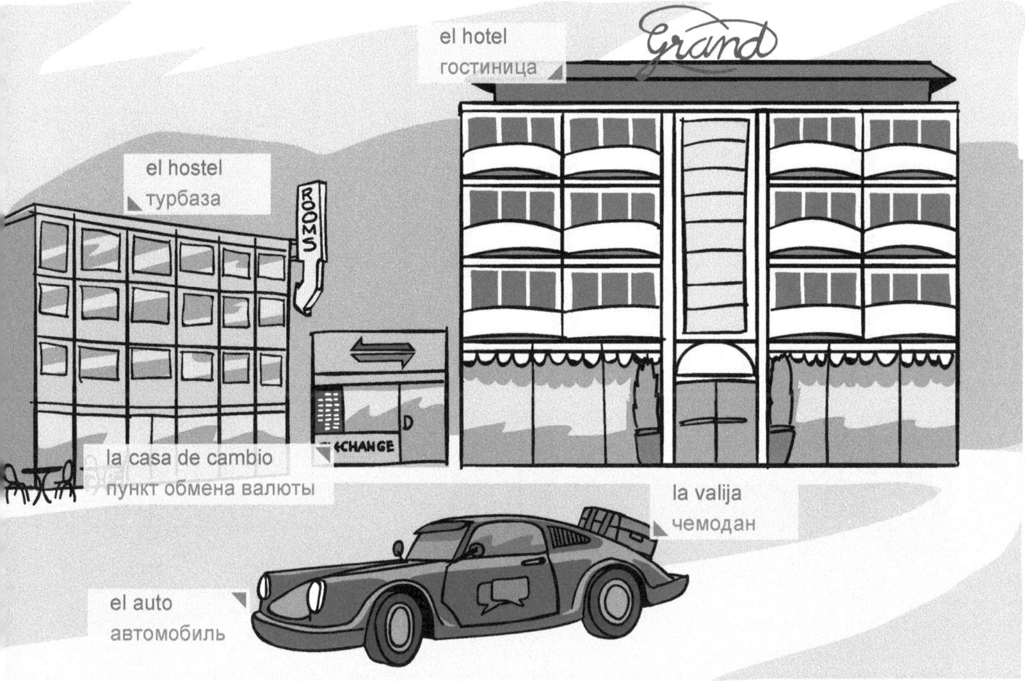

el idioma

язык

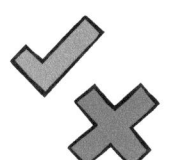

sí / no

да / нет

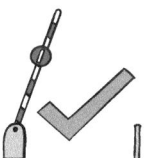

Está bien

хорошо

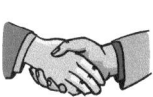

hola

Привет

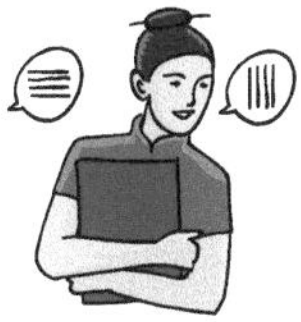

el traductor

переводчик

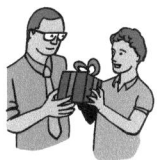

Gracias

Спасибо

¿cuánto cuesta…?

Сколько стоит…?

No entiendo

Я не понимаю

el problema

проблема

¡Buenas tardes!

Добрый вечер!

¡Buenos días!

Доброе утро!

¡Buenas noches!

Доброй ночи!

el adiós

До свидания

la dirección

направление

el equipaje

багаж

el bolso

сумка

la mochila

рюкзак

el invitado

гость

la habitación

комната

la bolsa de dormir

спальный мешок

la carpa

палатка

la información turística

туристическая
информация

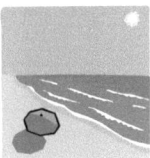

la playa

пляж

la tarjeta de crédito

кредитная карточка

el desayuno

завтрак

el almuerzo

обед

la cena

ужин

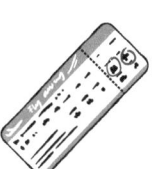

el pasaje

билет

el ascensor

лифт

el sello

почтовая марка

la frontera

граница

la aduana

таможня

la embajada

посольство

la visa

виза

el pasaporte

паспорт

el viaje - путешествие

el transporte
транспорт

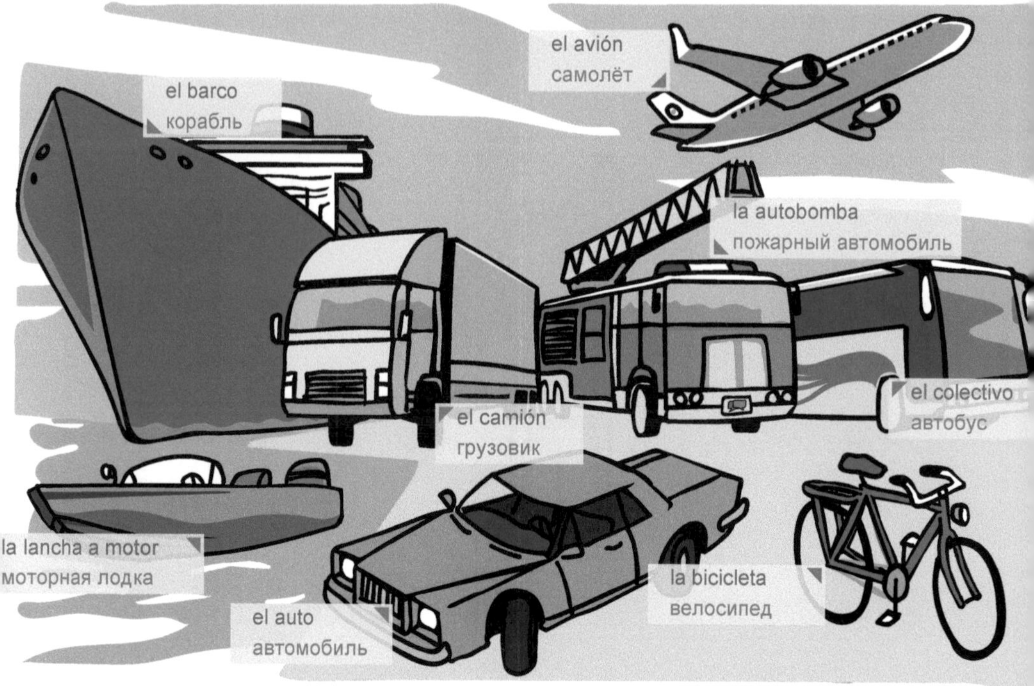
el avión
самолёт
el barco
корабль
la autobomba
пожарный автомобиль
el colectivo
автобус
el camión
грузовик
la lancha a motor
моторная лодка
la bicicleta
велосипед
el auto
автомобиль

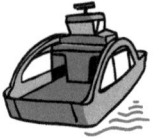

el ferry

паром

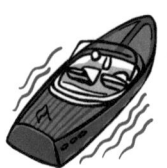

el bote

лодка

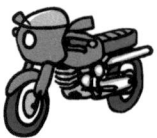

la moto

мотоцикл

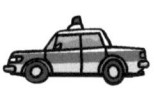

el patrullero

полицейский автомобиль

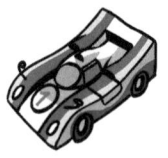

el auto de carreras

гоночный автомобиль

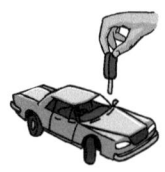

el auto de alquiler

арендованный автомобиль

el alquiler de autos

совместное пользование
автомобилями

la grúa

буксировочный
автомобиль

el camión de la basura

мусоровоз

el motor

двигатель

la nafta

топливо

la estación de servicio

заправка

la señal de tránsito

дорожный знак

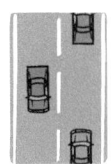

el tránsito

движение

el embotellamiento

пробка

el estacionamiento

автостоянка

la estación de tren

вокзал

las vías

рельсы

el tren

поезд

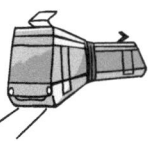

el tranvía

трамвай

el vagón

вагон

el helicóptero
вертолёт

el aeropuerto
аэропорт

la torre
вышка

el pasajero
пассажир

el contenedor
контейнер

la caja de cartón
коробка

la carretilla
тележка

la canasta
корзина

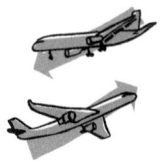

despegar / aterrizar
взлетать / приземляться

la ciudad

город

el pueblo
деревня

el centro de la ciudad
центр города

la casa
дом

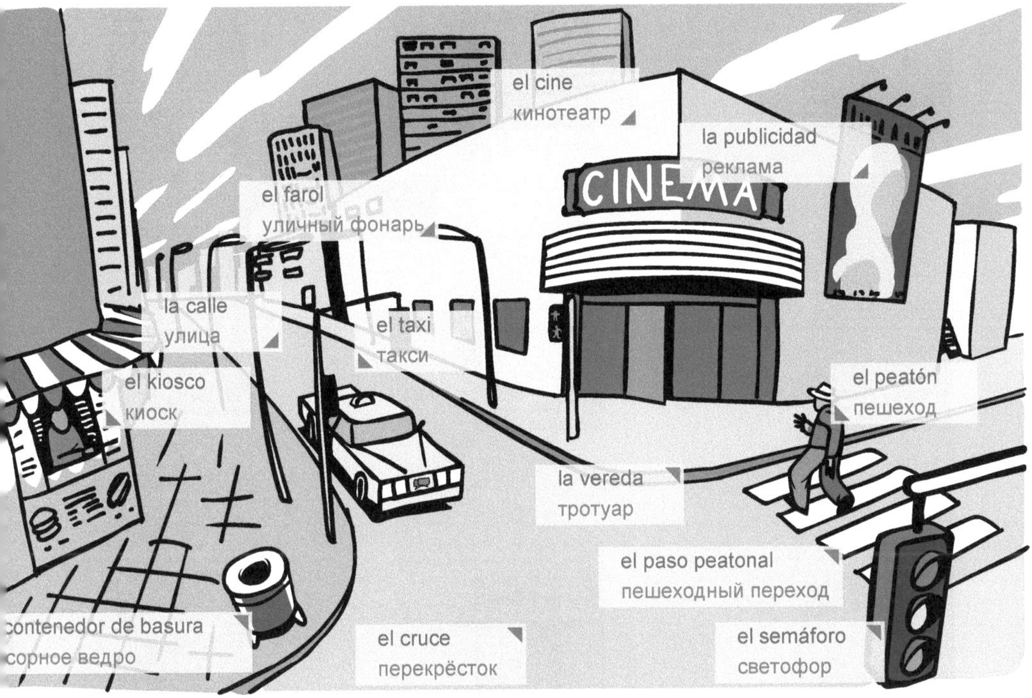

el cine
кинотеатр

la publicidad
реклама

CINEMA

el farol
уличный фонарь

la calle
улица

el taxi
такси

el kiosco
киоск

el peatón
пешеход

la vereda
тротуар

el paso peatonal
пешеходный переход

contenedor de basura
сорное ведро

el cruce
перекрёсток

el semáforo
светофор

la cabaña
хижина

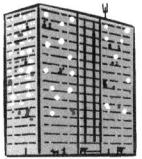

el departamento
квартира

la estación de tren
вокзал

la municipalidad
ратуша

el museo
музей

el colegio
школа

la universidad

университет

el banco

банк

el hospital

больница

el hotel

гостиница

la farmacia

аптека

la oficina

офис

la librería

книжный магазин

el negocio

магазин

la florería

цветочный магазин

el supermercado

супермаркет

el mercado

рынок

las grandes tiendas

универмаг

la pescadería

торговец рыбой

el centro comercial

торговый центр

el puerto

порт

el parque

парк

el banco

скамейка

el puente

мост

las escaleras

лестница

el subte

метро

el túnel

тоннель

la parada del colectivo

автобусная остановка

el bar

бар

el restaurante

ресторан

el buzón

почтовый ящик

el letrero

табличка с названием улицы

el parquímetro

паркометр

el zoológico

зоопарк

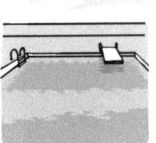

la pileta

бассейн

la mezquita

мечеть

la granja

ферма

la contaminación

загрязнение окружающей среды

el cementerio

кладбище

la iglesia

церковь

los juegos infantiles

детская площадка

el templo

храм

el paisaje
ландшафт

la hoja
лист

el poste indicador
дорожный указатель

el camino
дорога

la pradera
луг

la piedra
камень

el árbol
дерево

el excursionista
путешественник

el río
река

la hierba
трава

la flor
цветок

el valle

долина

la montaña

гора

el lago

озеро

el bosque

лес

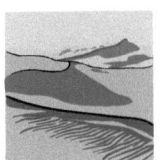

el desierto

пустыня

el volcán

вулкан

el castillo

замок

el arco iris

радуга

el champiñón

гриб

la palmera

пальма

el mosquito

комар

la mosca

муха

la hormiga

муравей

la abeja

пчела

la araña

паук

el paisaje - ландшафт

el escarabajo
жук

la rana
лягушка

la ardilla
белка

el erizo
еж

la liebre
заяц

la lechuza
сова

el pájaro
птица

el cisne
лебедь

el jabalí
кабан

el ciervo
олень

el alce
лось

la presa
плотина

el aerogenerador
ветряной генератор

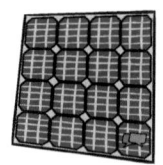

el panel solar
солнечная батарея

el clima
климат

el mozo
официант

el menú
меню

la silla
стул

la sopa
суп

la pizza
пицца

los cubiertos
столовые приборы

el mantel
скатерть

la entrada

закуска

el plato principal

главное блюдо

el postre

десерт

las bebidas

напитки

la comida

еда

la botella

бутылка

el restaurante - ресторан

la comida rápida

фастфуд

la comida callejera

уличная еда

la tetera

чайник

la azucarera

сахарница

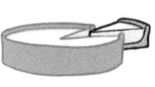

la porción

порция

la cafetera expreso

кофеварка

la sillita alta

детский стульчик

la cuenta

счет

la bandeja

поднос

el cuchillo

нож

el tenedor

вилка

la cuchara

ложка

la cucharita

чайная ложка

la servilleta

салфетка

el vaso

стакан

el restaurante - ресторан

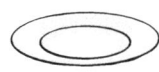

el plato

тарелка

el plato hondo

суповая тарелка

el plato

блюдце

la salsa

соус

el salero

солонка

el molinillo de pimienta

мельница для перца

el vinagre

уксус

el aceite

масло

las especias

специи

el kétchup

кетчуп

la mostaza

горчица

la mayonesa

майонез

el supermercado
супермаркет

la oferta especial
специальное предложение
FOR
el cliente
покупатель
los lácteos
молочные продукты
la fruta
фрукты
el changuito
тележка для покупок

BUTCHERS

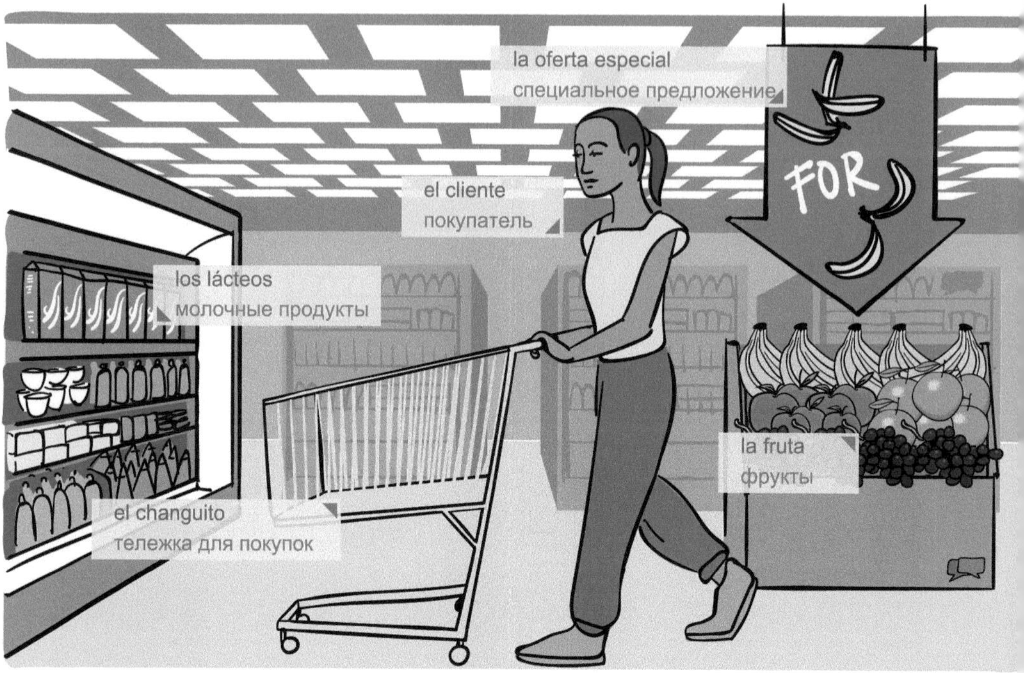

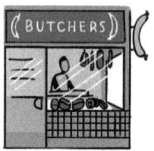

la carnicería

мясной магазин

BAKERY

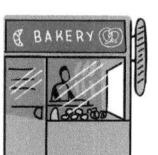

la panadería

пекарня

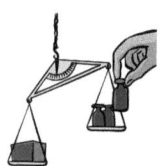

pesar

взвешивать

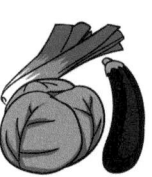

las verduras

овощи

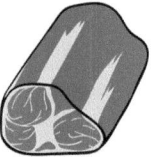

la carne

мясо

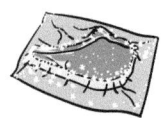

los alimentos congelados

быстрозамороженные продукты

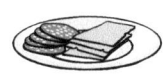

los fiambres

нарезка

los alimentos enlatados

консервы

el detergente en polvo

стиральный порошок

las golosinas

сладости

los electrodomésticos

предмет домашнего
обихода

los productos de limpieza

моющее средство

la vendedora

продавщица

la caja

касса

el cajero

кассир

la lista de compras

список покупок

el horario de atención

время работы

la billetera

бумажник

la tarjeta de crédito

кредитная карточка

la cartera

сумка

la bolsa de plástico

полиэтиленовый пакет

el agua

вода

el jugo

сок

la leche

молоко

la bebida cola

кока-кола

el vino

вино

la cerveza

пиво

el alcohol

алкоголь

el cacao

какао

el té

чай

el café

кофе

el café expreso

эспрессо

el cappuccino

капучино

la banana

банан

la manzana

яблоко

la naranja

апельсин

el melón

арбуз

el limón

лимон

la zanahoria

морковь

el ajo

чеснок

el bambú

бамбук

la cebolla

лук

el champiñón

гриб

las nueces

орехи

los fideos

лапша

los tallarines

спагетти

el arroz

рис

la ensalada

салат

las papas fritas

картофель фри

las papas fritas

жареный картофель

la pizza

пицца

la hamburguesa

гамбургер

el sándwich

сэндвич

el churrasco

шницель

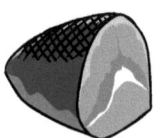

el jamón

ветчина

el salame

салями

la salchicha

колбаса

el pollo

курица

el asado

жаркое

el pescado

рыба

los copos de avena

овсяные хлопья

el muesli

мюсли

los copos de maíz

кукурузные хлопья

la harina

мука

la medialuna

круассан

el pancito

булочка

el pan

хлеб

la tostada

тост

las galletitas

печенье

la manteca

масло

la cuajada

творог

la torta

пирог

el huevo

яйцо

el huevo frito

яичница

el queso

сыр

el helado

мороженое

el azúcar

сахар

la miel

мёд

la mermelada

мармелад

la pasta de chocolate

крем с нугой

el curry

карри

la granja
ферма

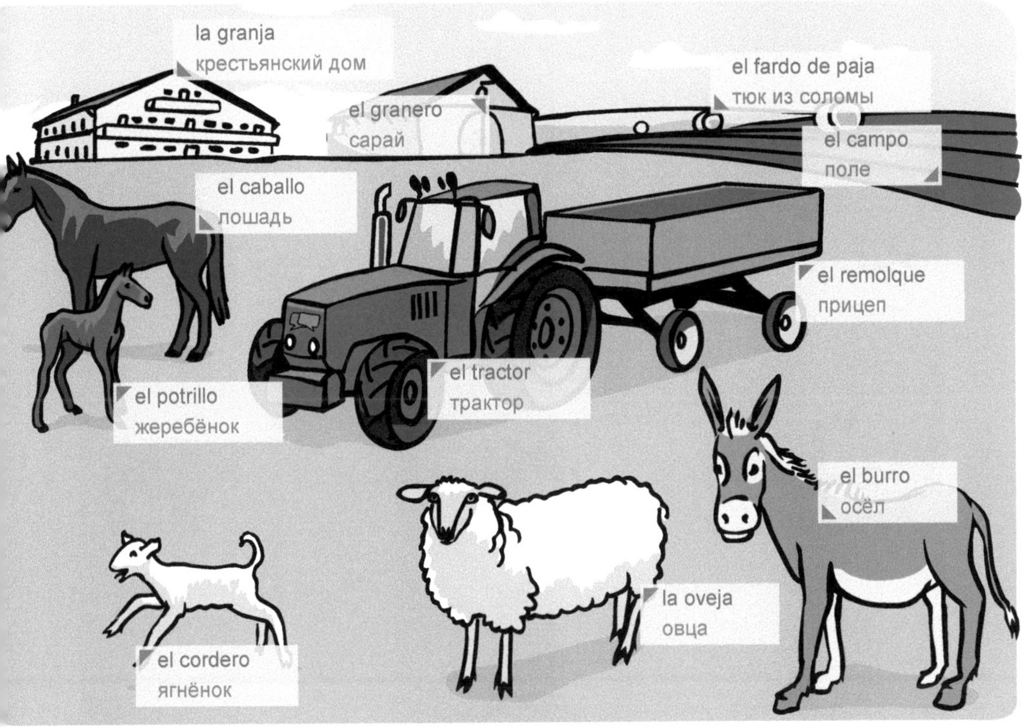
la granja
крестьянский дом
el granero
сарай
el fardo de paja
тюк из соломы
el campo
поле
el caballo
лошадь
el remolque
прицеп
el tractor
трактор
el potrillo
жеребёнок
el burro
осёл
la oveja
овца
el cordero
ягнёнок

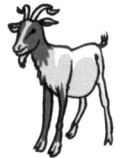

la cabra

коза

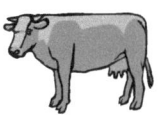

la vaca

корова

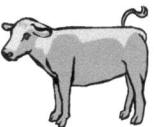

el ternero

телёнок

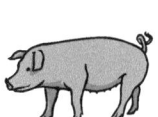

el cerdo

свинья

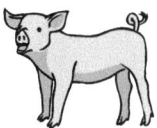

el lechón

поросёнок

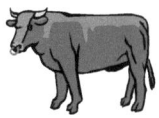

el toro

бык

el ganso

гусь

el pato

утка

el pollo

цыплёнок

la gallina

курица

el gallo

петух

la rata

крыса

el gato

кошка

el ratón

мышь

el buey

вол

el perro

собака

la cucha

конура

la manguera

садовый шланг

la regadera

лейка

la guadaña

коса

el arado

плуг

la hoz

серп

la azada

мотыга

la horquilla

навозные вилы

el hacha

топор

la carretilla

тачка

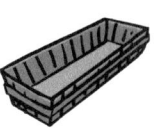

el abrevadero

корыто

la lechera

бидон для молока

la bolsa

мешок

la reja

забор

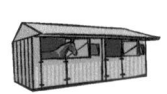

el establo

хлев

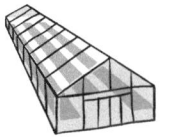

el invernadero

теплица

el suelo

почва

la semilla

посев

el fertilizador

удобрение

la cosechadora

комбайн

cosechar

собирать урожай

la cosecha

урожай

las batatas

ямс

el trigo

пшеница

la soja

соя

la papa

картофель

el maíz

кукуруза

la semilla de colza

рапс

el árbol frutal

фруктовое дерево

la mandioca

маниок

los cereales

злаки

la casa

дом

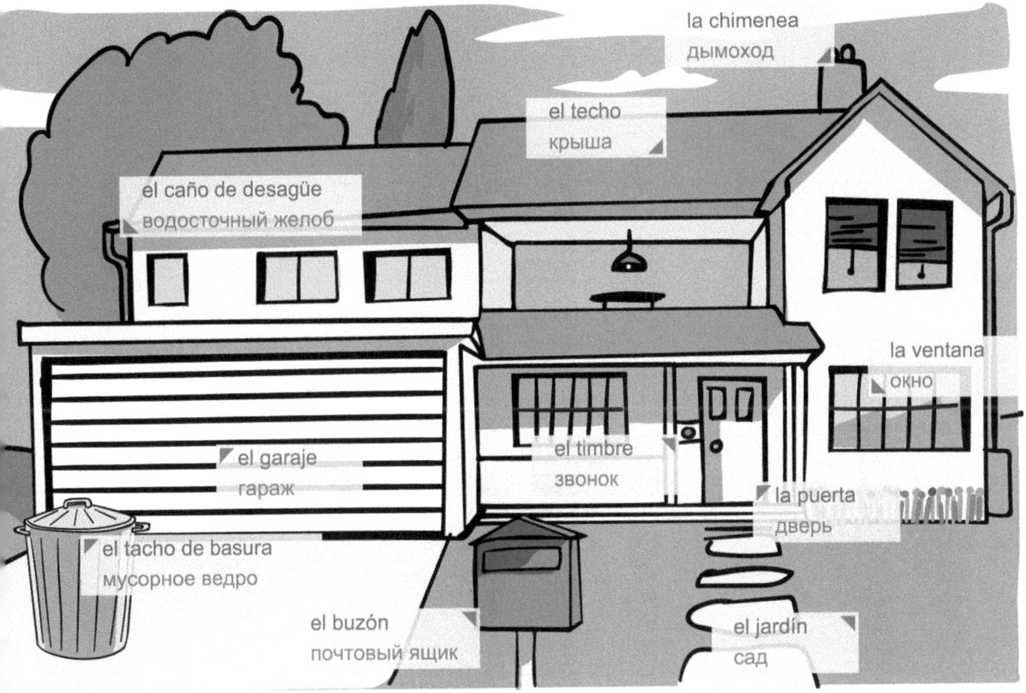

la chimenea
дымоход
el techo
крыша
el caño de desagüe
водосточный желоб
la ventana
окно
el garaje
гараж
el timbre
звонок
la puerta
дверь
el tacho de basura
мусорное ведро
el buzón
почтовый ящик
el jardín
сад

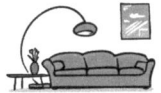

el living

гостиная

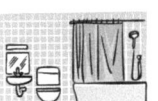

el baño

ванная комната

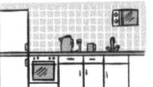

la cocina

кухня

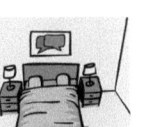

el dormitorio

спальня

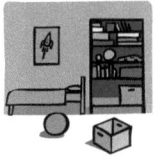

el cuarto de los chicos

детская комната

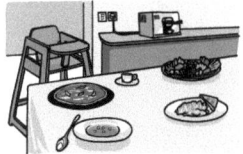

el comedor

столовая

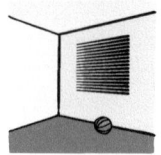

el piso

пол

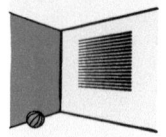

la pared

стена

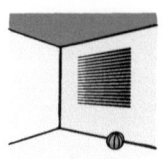

el cielorraso

потолок

el sótano

подвал

el sauna

сауна

el balcón

балкон

la terraza

терраса

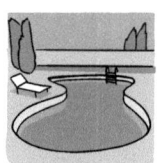

la pileta

бассейн

la cortadora de pasto

газонокосилка

la sábana

пододеяльник

el acolchado

покрывало

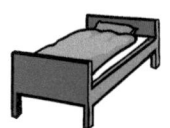

la cama

кровать

la escoba

метла

el balde

ведро

el interruptor

выключатель

el living
гостиная

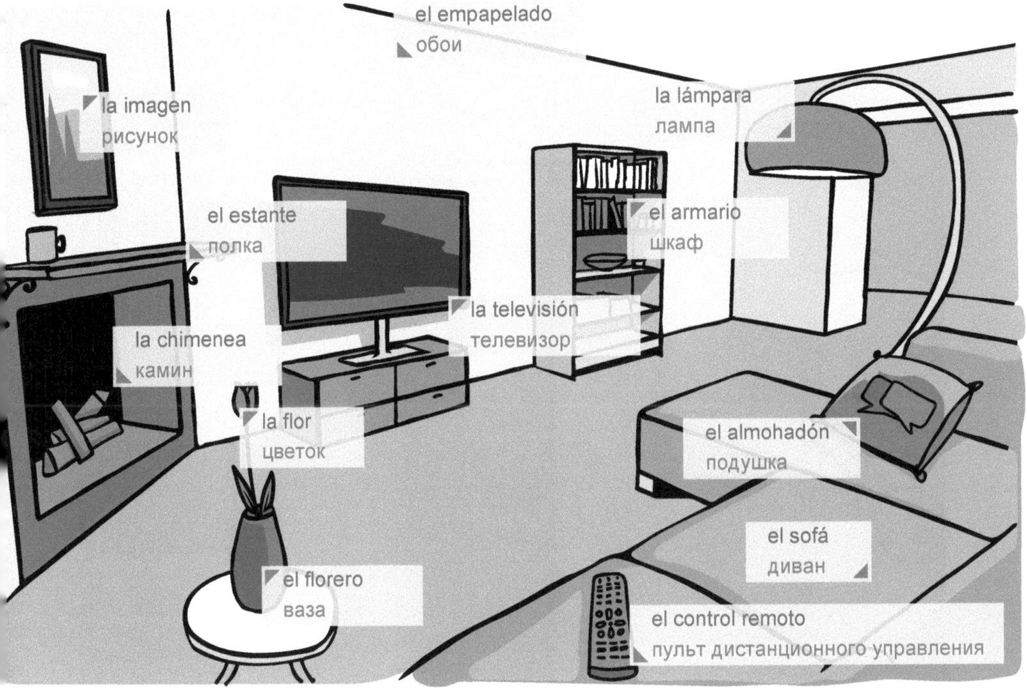
el empapelado
обои
la imagen
рисунок
la lámpara
лампа
el estante
полка
el armario
шкаф
la televisión
телевизор
la chimenea
камин
la flor
цветок
el almohadón
подушка
el sofá
диван
el florero
ваза
el control remoto
пульт дистанционного управления

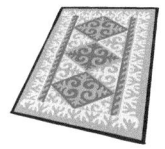

la alfombra

ковёр

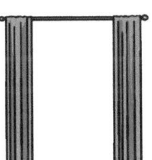

la cortina

штора

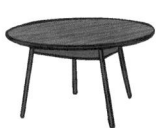

la mesa

стол

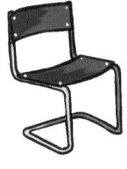

la silla

стул

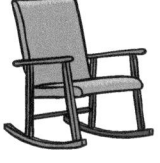

la mecedora

кресло-качалка

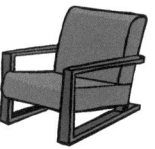

el sillón

кресло

el libro

книга

la frazada

покрывало

la decoración

украшение

la leña

дрова

la película

фильм

el equipo de música

стереосистема

la llave

ключ

el diario

газета

la pintura

картина

el póster

плакат

la radio

радио

el cuaderno

блокнот

la aspiradora

пылесос

el cactus

кактус

la vela

свеча

la cocina
кухня

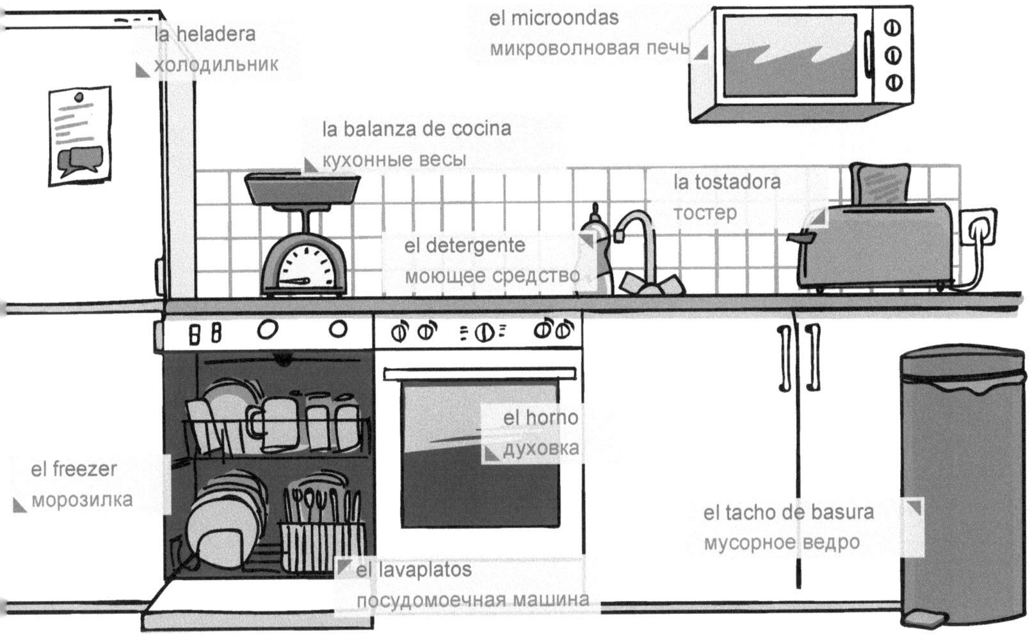
la heladera
холодильник
el microondas
микроволновая печь
la balanza de cocina
кухонные весы
la tostadora
тостер
el detergente
моющее средство
el horno
духовка
el freezer
морозилка
el tacho de basura
мусорное ведро
el lavaplatos
посудомоечная машина

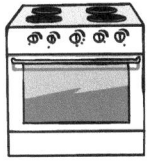

la cocina
плита

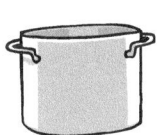

la olla
кастрюля

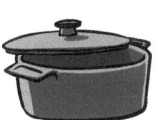

la olla de hierro fundido
чугунный котелок

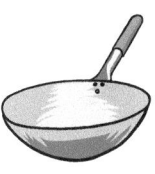

el wok
вок / кадай

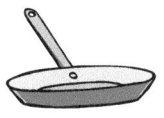

la sartén
сковорода

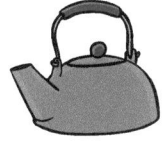

la pava
чайник

la vaporera

пароварка

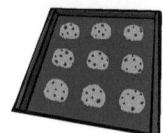

la bandeja de horno

противень

la vajilla

посуда

la taza

кружка

el bol

миска

los palitos

палочки для еды

el cucharón

половник

la espátula

лопатка

la batidora

сбивалка

el colador

сито

el colador

сито

el rallador

тёрка

el mortero

ступка

la parrilla

гриль

la fogata

костёр

la tabla de picar

доска

el palo de amasar

скалка

el sacacorchos

штопор

la lata

жестяная банка

el abrelatas

консервный нож

la manopla

прихватка

la pileta

раковина

el cepillo

щетка

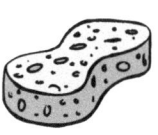

la esponja

губка

la batidora

миксер

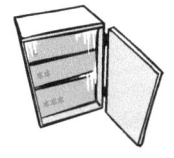

el congelador

морозильная камера

la mamadera

бутылочка для кормления

la canilla

кран

el baño

ванная комната

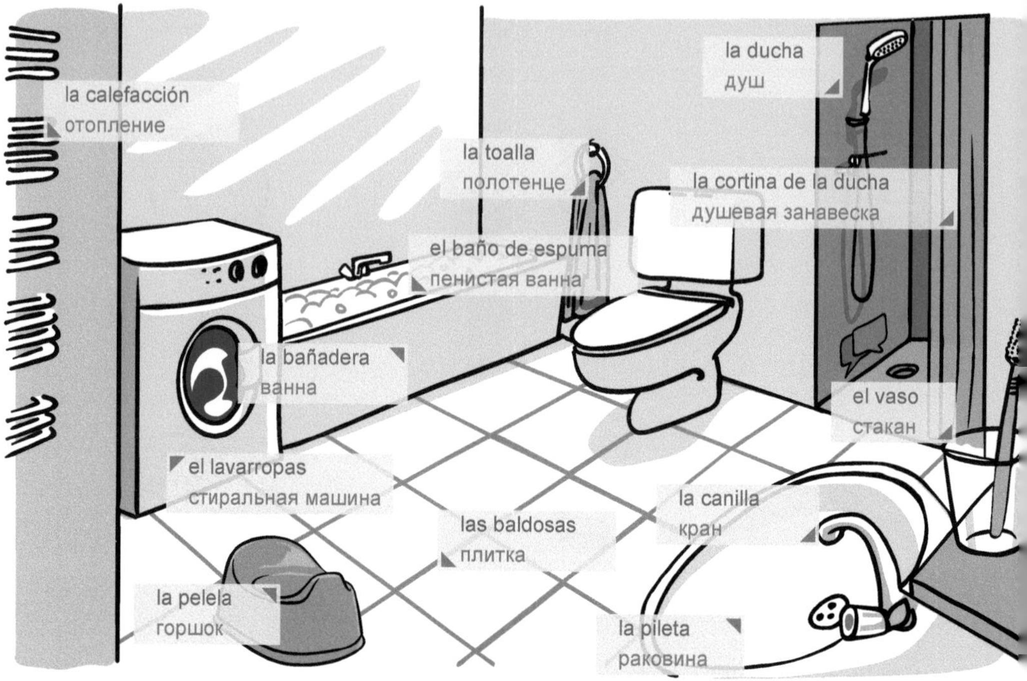
la calefacción
отопление
la ducha
душ
la toalla
полотенце
la cortina de la ducha
душевая занавеска
el baño de espuma
пенистая ванна
la bañadera
ванна
el vaso
стакан
el lavarropas
стиральная машина
la canilla
кран
las baldosas
плитка
la pelela
горшок
la pileta
раковина

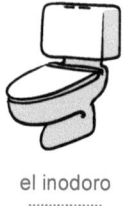

el inodoro

туалет

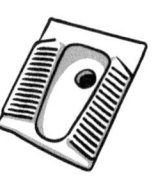

la letrina

напольный унитаз

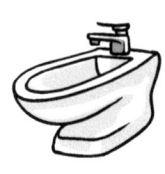

el bidé

биде

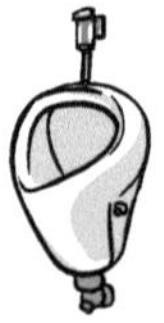

el mingitorio

писсуар

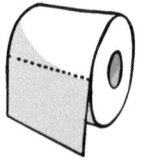

el papel higiénico

туалетная бумага

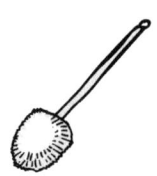

el cepillo para el inodoro

ершик

el cepillo de dientes

зубная щетка

el dentífrico

зубная паста

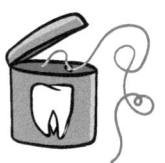

el hilo dental

зубная нить

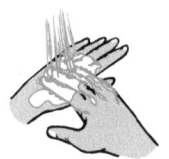

lavar

мыть

la ducha de mano

ручной душ

la ducha higiénica

интимный душ

la palangana

таз

el cepillo para la espalda

щетка для спины

el jabón

мыло

el gel de ducha

гель для душа

el shampoo

шампунь

la toallita

мочалка

el desagüe

сток

la crema

крем

el desodorante

дезодорант

el espejo

зеркало

el espejito

ручное зеркало

la maquinita de afeitar

бритва

la espuma de afeitar

пена для бритья

el aftershave

лосьон после бритья

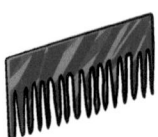

el peine

расческа

el cepillo

щетка

el secador de pelo

фен

el spray

лак для волос

el maquillaje

косметика

el lápiz de labios

губная помада

el esmalte para uñas

лак для ногтей

el algodón

вата

la tijera para uñas

маникюрные ножницы

el perfume

духи

el portacosméticos

косметичка

la banqueta

табуретка

la balanza

весы

la bata

халат

los guantes de goma

резиновые перчатки

el tampón

тампон

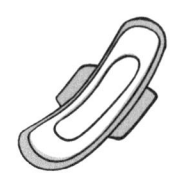

la toallita femenina

гигиеническая прокладка

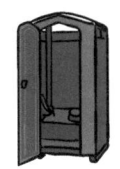

el baño químico

биотуалет

el cuarto de los chicos

детская комната

el despertador
будильник
el peluche
мягкая игрушка
el coche de juguete
игрушечный автомобиль
el sonajero
погремушка
la casa de muñecas
кукольный домик
el regalo
подарок

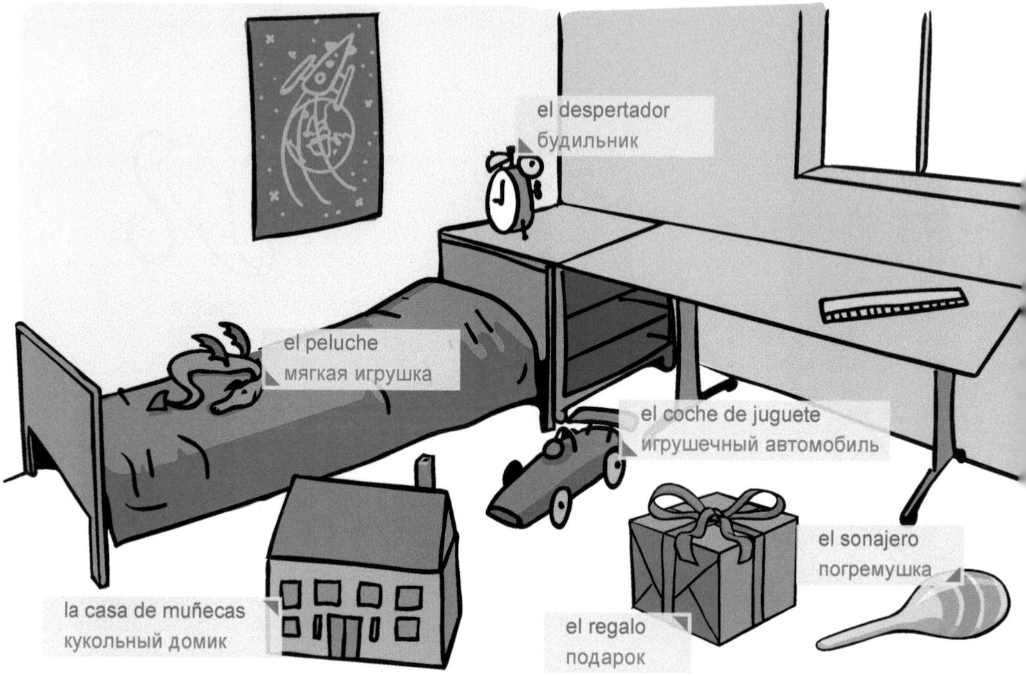

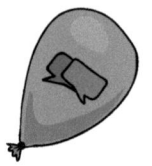

el globo

воздушный шар

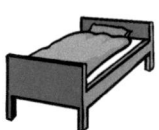

la cama

кровать

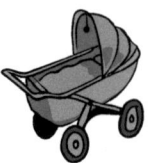

el cochecito

детская коляска

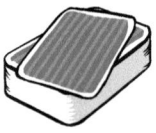

las cartas

карточная игра

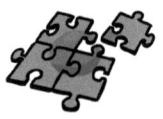

el rompecabezas

пазл

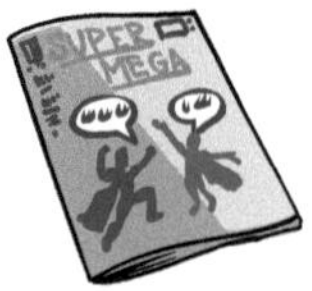

la historieta

комикс

las piezas de lego

кирпичики Лего

los ladrillos de juguete

кубики

la figura de acción

игрушечная фигурка

el enterito (de bebé)

ползунки

el frisbee

фрисби

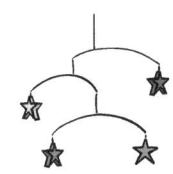

el móvil para bebés

мобиле

el juego de mesa

настольная игра

los dados

кубик

el tren eléctrico

модель железной дороги

el chupete

соска

la fiesta

вечеринка

el libro de cuentos ilustrado

книга с картинками

la pelota

мяч

la muñeca

кукла

jugar

играть

el arenero

песочница

la hamaca

качели

los juguetes

игрушка

la consola de videojuegos

игровая приставка

el triciclo

трёхколесный велосипед

el osito de peluche

плюшевый медвежонок

el armario

шкаф для одежды

la ropa

одежда

las medias

носки

las medias panty

чулки

las calzas

колготки

la bufanda
шарф

el paraguas
зонтик

la remera
футболка

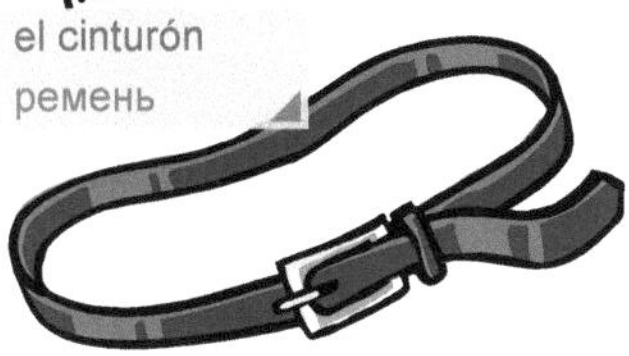

el cinturón
ремень

las botas
сапоги

las pantuflas
тапки

las zapatillas
кроссовки

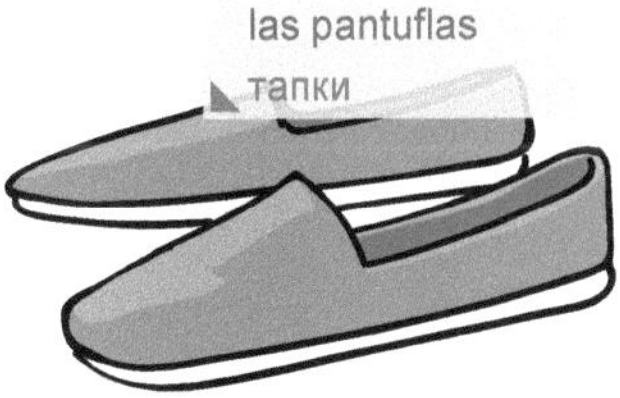

las sandalias
....
сандалии

los zapatos
....
ботинки

las botas de goma
....
резиновые сапоги

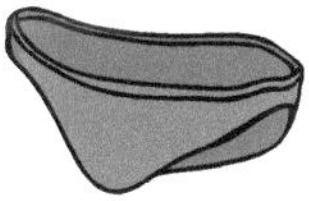

la ropa interior
....
трусы

el corpiño
....
бюстгальтер

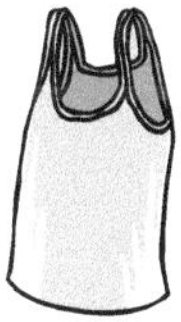

el chaleco
....
майка

el body
боди

los pantalones
брюки

los jeans
джинсы

la pollera
юбка

la blusa
блузка

la camisa
рубашка

el pulóver
свитер

el buzo
свитер

el blazer
спортивная куртка

la campera
жакет

el tapado
пальто

el piloto
плащ

el traje
костюм

el vestido
платье

el vestido de novia
свадебное платье

el traje

мужской костюм

el camisón

ночная сорочка

el pijama

пижама

el sari

сари

el pañuelo para la cabeza

платок

el turbante

тюрбан

la burka

паранджа

el caftán

кафтан

la abaya

абайя

el traje de baño

купальник

el short de baño

плавки

los shorts

шорты

el jogging

спортивный костюм

el delantal

фартук

los guantes

перчатки

el botón

пуговица

los anteojos

очки

la pulsera

браслет

el collar

цепочка

el anillo

кольцо

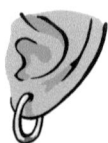

el aro

серьга

la gorra

шапка

la percha

вешалка

el sombrero

шляпа

la corbata

галстук

el cierre

застежка молния

el casco

шлем

los tiradores

подтяжки

el uniforme escolar

школьная форма

el uniforme

форма

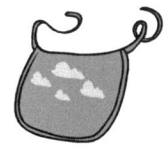

el babero

детский нагрудник

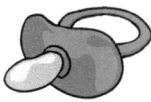

el chupete

соска

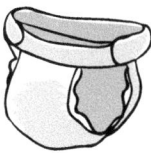

el pañal

подгузник

la oficina

офис

el servidor
сервер
el archivero
канцелярский шкаф
la impresora
принтер
el papel
бумага
el monitor
монитор
el mouse
мышь
el escritorio
письменный стол
la carpeta
папка
el teclado
клавиатура
el tacho (de basura)
корзина для бумаг
la computadora
компьютер
la silla
стул

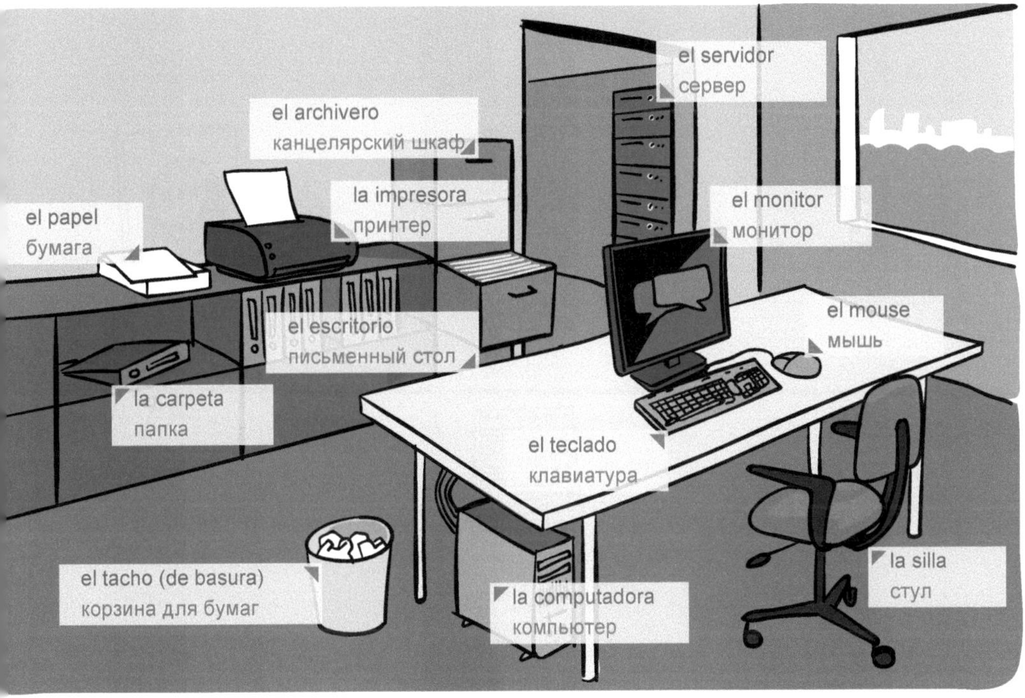

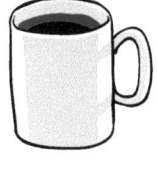

la taza de café

кофейная кружка

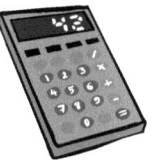

la calculadora

калькулятор

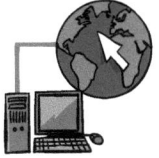

el internet

интернет

la laptop
ноутбук

la carta
письмо

el mensaje
сообщение

el celular
мобильный телефон

la red
сеть

la fotocopiadora
ксерокс

el software
программа

el teléfono
телефон

el tomacorriente
розетка

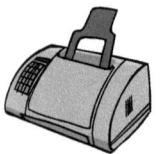

el fax
факс

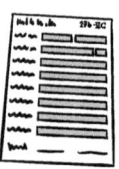

el formulario
формуляр

el documento
документ

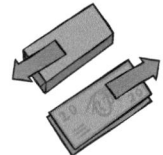

comprar

покупать

pagar

платить

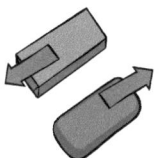

hacer negocios

торговать

el dinero

деньги

el dólar

доллар

el euro

евро

el yen

иена

el rublo

рубль

el franco suizo

франк

el yuan

жэньминьби юань

la rupia

рупия

el cajero automático

банкомат

la casa de cambio

пункт обмена валюты

el oro

золото

la plata

серебро

el petróleo

нефть

la energía

энергия

el precio

цена

el contrato

договор

el impuesto

налог

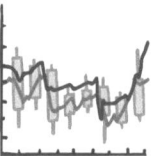

la acción

акция

trabajar

работать

el empleado

служащий

el empleador

работодатель

la fábrica

фабрика

el negocio

магазин

las ocupaciones
профессии

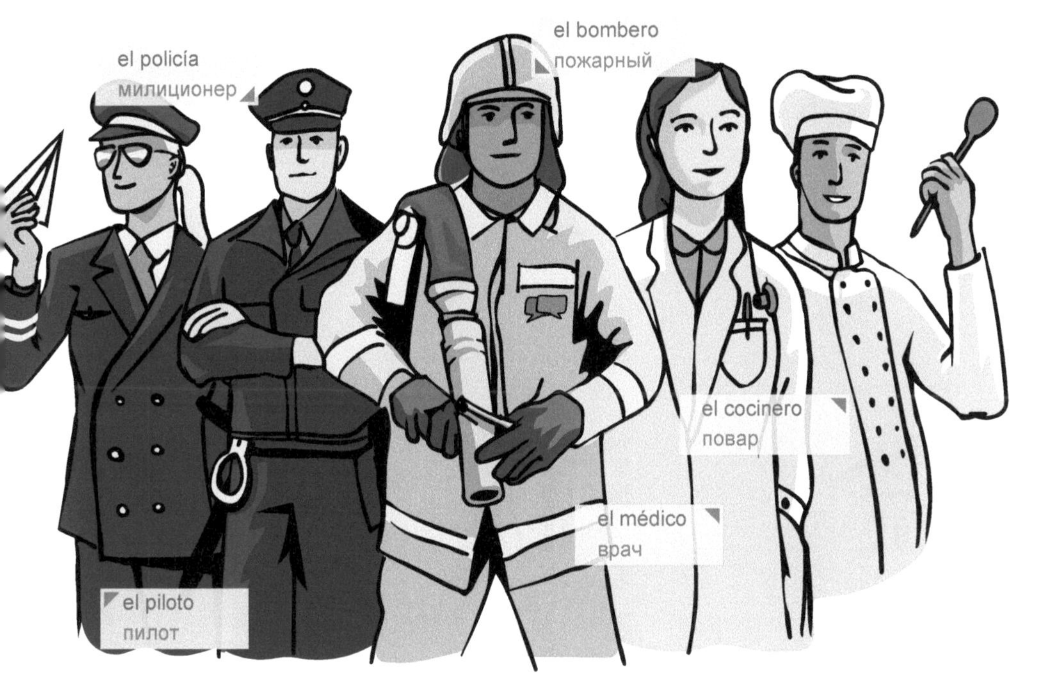
el policía
милиционер
el bombero
пожарный
el cocinero
повар
el médico
врач
el piloto
пилот

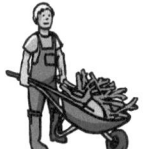

el jardinero

садовник

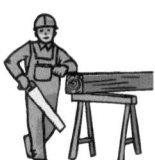

el carpintero

столяр

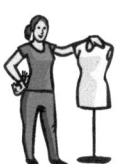

la modista

швея

el juez

судья

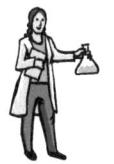

el farmacéutico

химик

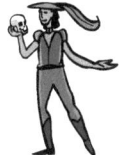

el actor

актёр

el colectivero

водитель автобуса

el taxista

таксист

el pescador

рыбак

la mucama

уборщица

el techista

кровельщик

el mozo

официант

el cazador

охотник

el pintor

художник

el panadero

пекарь

el electricista

электрик

el albañil

строитель

el ingeniero

инженер

el carnicero

мясник

el plomero

сантехник

el cartero

почтальон

el soldado

солдат

el arquitecto

архитектор

el cajero

кассир

el florista

флорист

el peluquero

парикмахер

el cobrador

кондуктор

el mecánico

механик

el capitán

капитан

el dentista

зубной врач

el científico

ученый

el rabino

раввин

el imán

имам

el monje

монах

el sacerdote

священник

las herramientas

инструменты

la tenaza
плоскогубцы
el martillo
молоток
el destornillador
отвёртка
la llave
гаечный ключ
la linterna
карманный фо

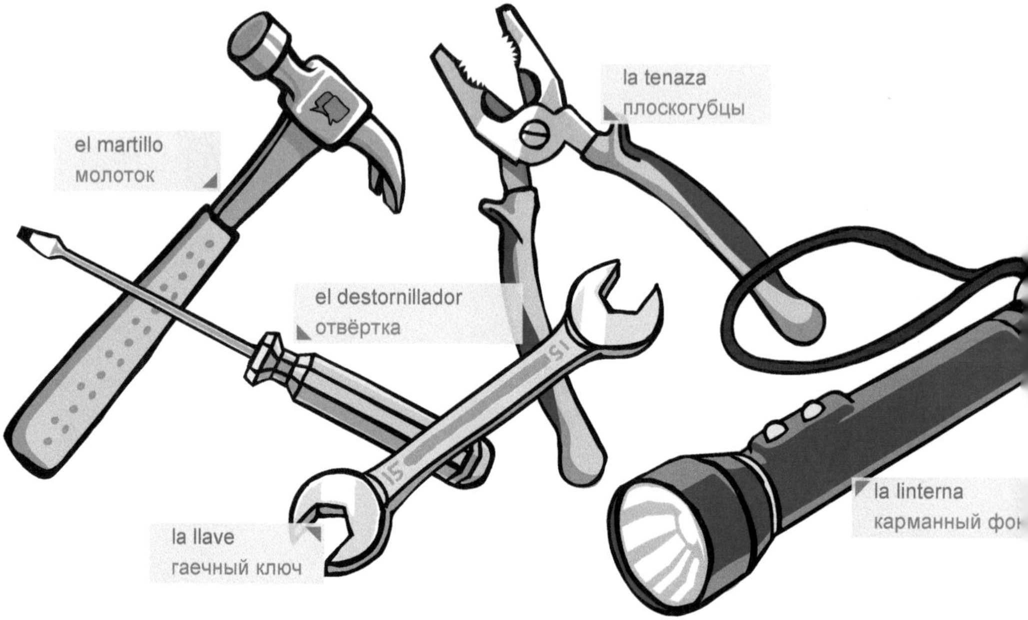

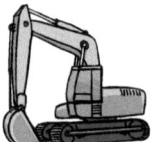

la excavadora

экскаватор

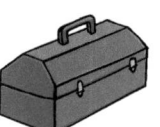

la caja de herramientas

ящик для инструментов

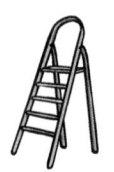

la escalera portátil

стремянка

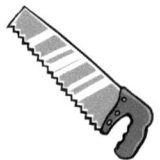

la sierra

пила

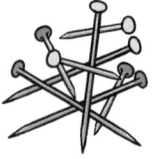

los clavos

гвозди

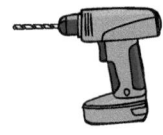

el taladro

дрель

arreglar

ремонтировать

la pala de jardín

лопата

¡Qué bronca!

Блин!

la pala de plástico

совок

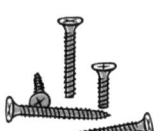

el tacho de pintura

ведро с краской

los tornillos

винты

los instrumentos musicales
музыкальные инструменты

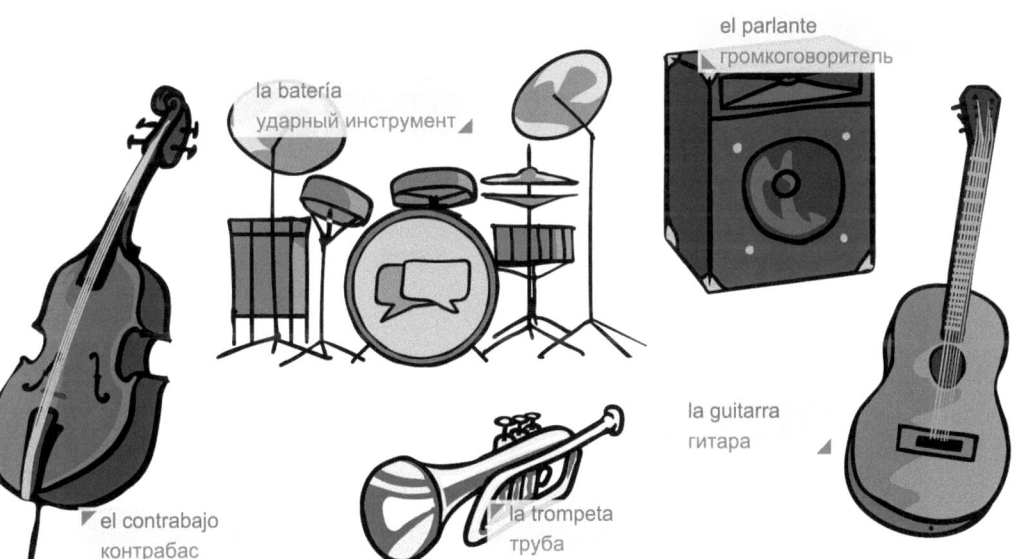

el parlante
громкоговоритель

la batería
ударный инструмент

la guitarra
гитара

el contrabajo
контрабас

la trompeta
труба

el piano

пианино

el violín

скрипка

el bajo

бас-гитара

los timbales

литавры

el tambor

барабан

el teclado

синтезатор

el saxofón

саксофон

la flauta

флейта

el micrófono

микрофон

el zoológico
зоопарк

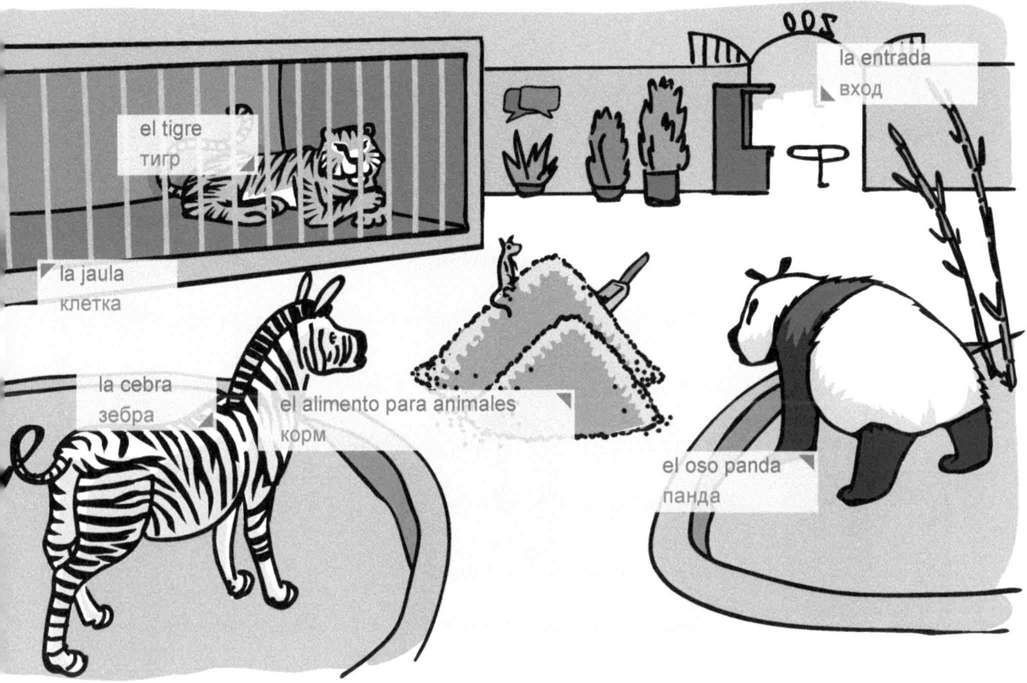
la entrada
вход
el tigre
тигр
la jaula
клетка
la cebra
зебра
el alimento para animales
корм
el oso panda
панда

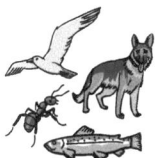

los animales

животные

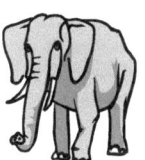

el elefante

слон

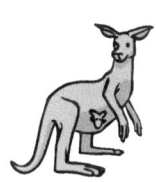

el canguro

кенгуру

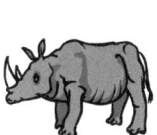

el rinoceronte

носорог

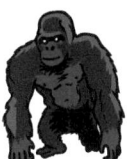

el gorila

горилла

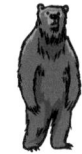

el oso

медведь

el camello

верблюд

el avestruz

страус

el león

лев

el mono

обезьяна

el flamenco

фламинго

el loro

попугай

el oso polar

белый медведь

el pingüino

пингвин

el tiburón

акула

el pavo real

павлин

la serpiente

змея

el cocodrilo

крокодил

el cuidador del zoológico

служитель зоопарка

la foca

тюлень

el jaguar

ягуар

el poni

пони

el leopardo

леопард

el hipopótamo

бегемот

la jirafa

жираф

el águila

орёл

el jabalí

кабан

el pescado

рыба

la tortuga

черепаха

la morsa

морж

el zorro

лиса

la gacela

газель

el fútbol americano
американский футбол

el ciclismo
езда на велосипеде

el tenis
теннис

el básquet
баскетбол

la natación
плавание

el boxeo
бокс

el hockey sobre hielo
хоккей

el fútbol
футбол

el bádminton
бадминтон

el atletismo
лёгкая атлетика

el handball
гандбол

el esquí
лыжный спорт

el polo
поло

saltar
прыгать

reír
смеяться

abrazar
обнимать

caminar
идти

cantar
петь

soñar
мечтать

rezar
молиться

besar
целовать

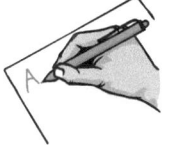

escribir

писать

dibujar

рисовать

mostrar

показывать

presionar

нажимать

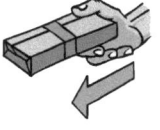

dar

давать

tomar

брать

tener

иметь

hacer

делать

ser

быть

estar parado

стоять

correr

бежать

tirar

тянуть

tirar

бросать

caer

падать

estar acostado

лежать

esperar

ждать

llevar

носить

estar sentado

сидеть

vestirse

надевать

dormir

спать

despertar

просыпаться

mirar

рассматривать

llorar

плакать

acariciar

гладить

peinar

причесывать

hablar

говорить

entender

понимать

preguntar

спрашивать

escuchar

слушать

beber

пить

comer

кушать

ordenar

наводить порядок

amar

любить

cocinar

готовить

manejar

ехать

volar

летать

las actividades - действия

navegar

ходить под парусом

calcular

считать

leer

читать

aprender

учиться

trabajar

работать

casarse

вступать в брак

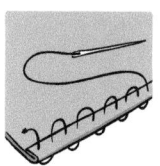

coser

шить

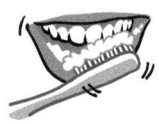

cepillarse los dientes

чистить зубы

matar

убивать

fumar

курить

enviar

отправлять

la familia

семья

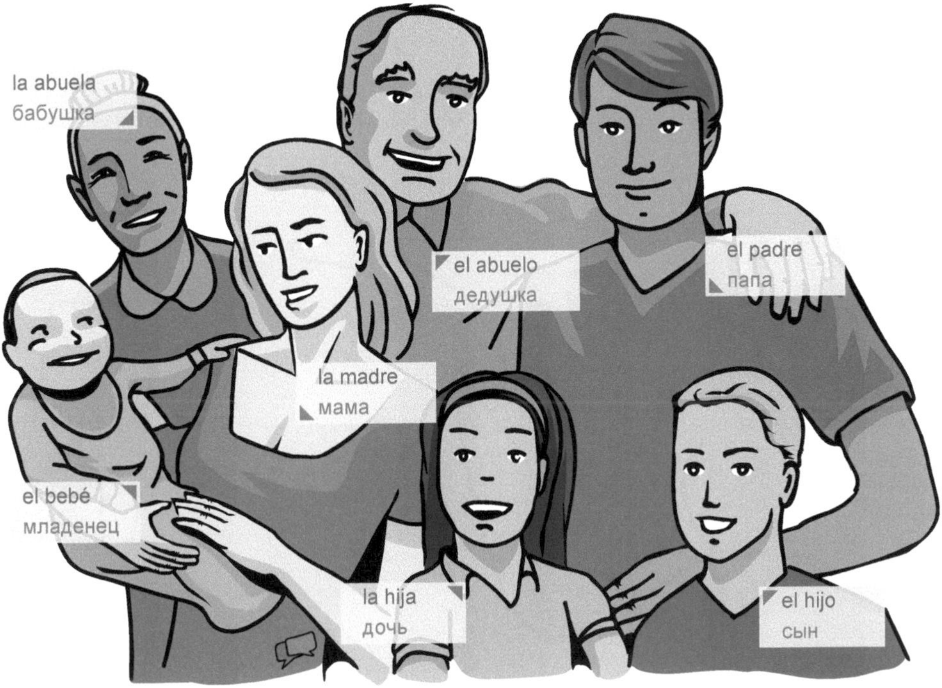

la abuela
бабушка
el abuelo
дедушка
el padre
папа
la madre
мама
el bebé
младенец
la hija
дочь
el hijo
сын

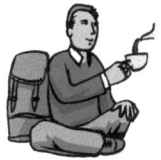

el invitado

гость

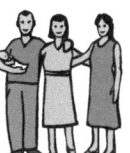

la tía

тетя

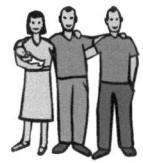

el tío

дядя

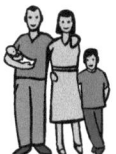

el hermano

брат

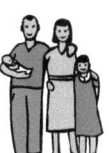

la hermana

сестра

el cuerpo
тело

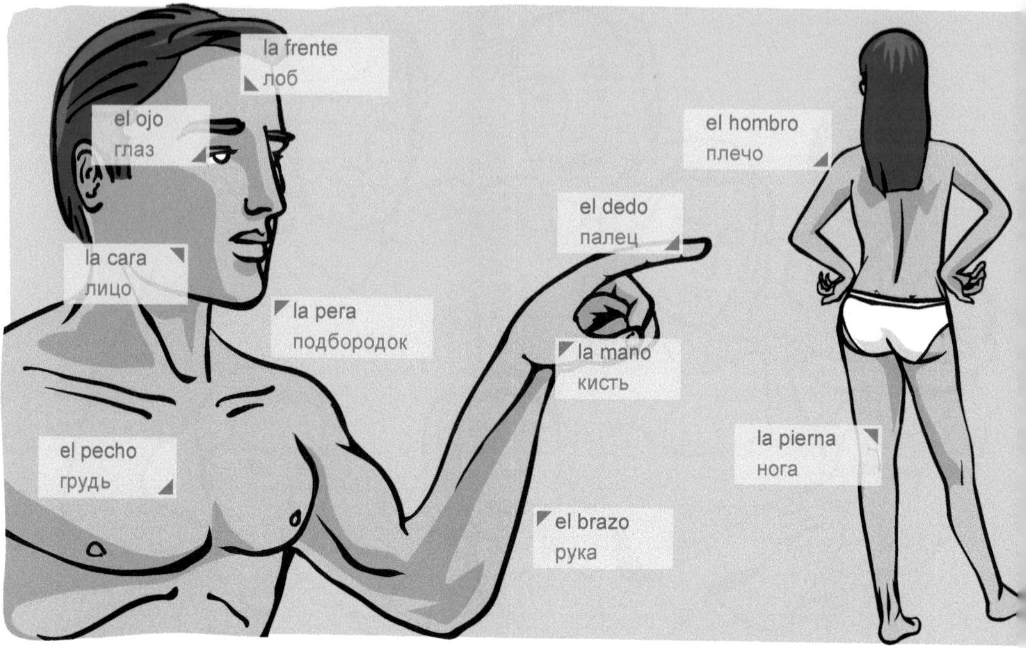

la frente
лоб

el ojo
глаз

la cara
лицо

el hombro
плечо

el dedo
палец

la pera
подбородок

la mano
кисть

el pecho
грудь

la pierna
нога

el brazo
рука

el bebé

младенец

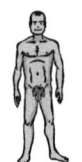

el hombre

мужчина

la mujer

женщина

la nena

девочка

el nene

мальчик

la cabeza

голова

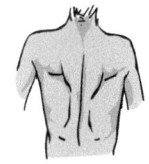

la espalda
спина

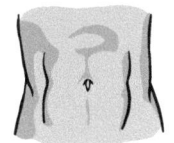

la panza
живот

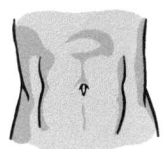

el ombligo
пупок

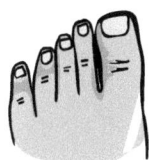

el dedo del pie
палец ноги

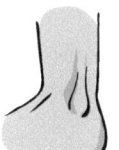

el talón
пятка

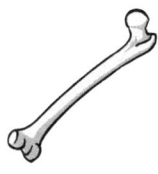

el hueso
кость

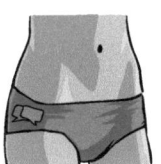

la cadera
бедро

la rodilla
колено

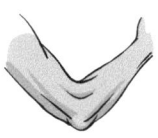

el codo
локоть

la nariz
нос

la cola
ягодицы

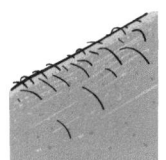

la piel
кожа

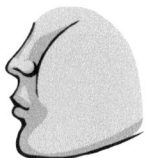

el cachete
щека

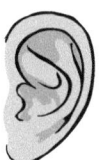

la oreja
ухо

el labio
губа

el cuerpo - тело

la boca

рот

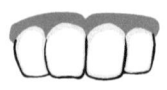

el diente

зуб

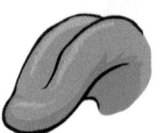

la lengua

язык

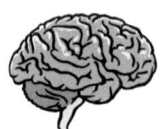

el cerebro

мозг

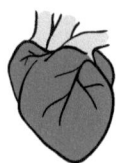

el corazón

сердце

el músculo

мышца

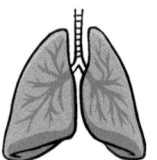

el pulmón

лёгкое

el hígado

печень

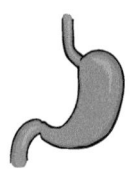

el estómago

желудок

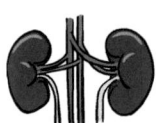

los riñones

почки

el sexo

половой акт

el preservativo

презерватив

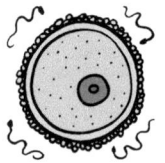

el óvulo

яйцеклетка

el semen

сперма

el embarazo

беременность

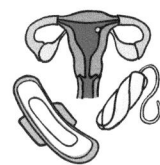

la menstruación
....
менструация

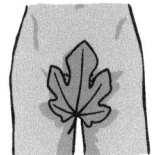

la vagina
....
вагина

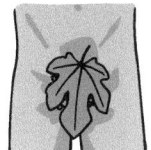

el pene
....
пенис

la ceja
....
бровь

el pelo
....
волосы

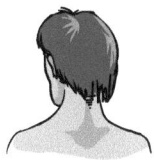

el cuello
....
шея

el hospital
больница

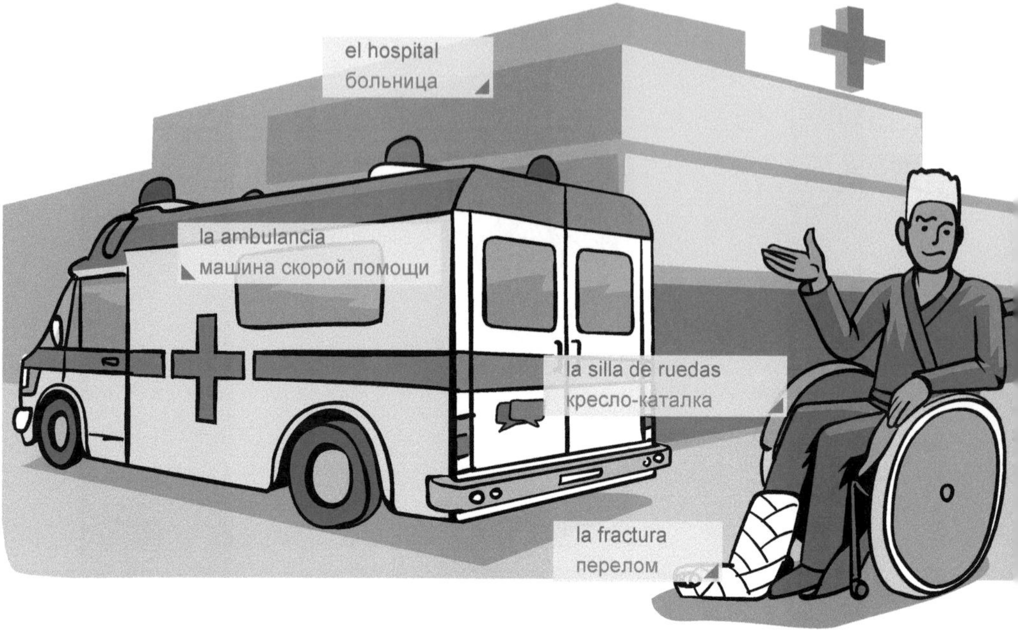

el hospital
больница
la ambulancia
машина скорой помощи
la silla de ruedas
кресло-каталка
la fractura
перелом

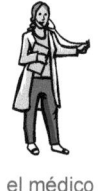

el médico
врач

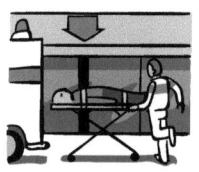

la sala de guardia
пункт первой помощи

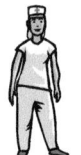

la enfermera
медсестра

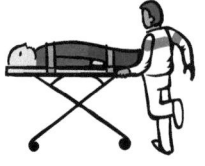

la emergencia
неотложный случай

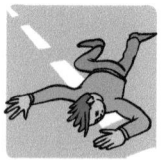

inconsciente
без сознания

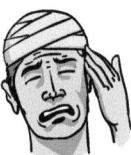

el dolor
боль

la lesión

повреждение

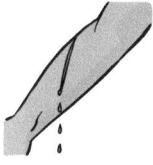

la hemorragia

кровотечение

el infarto

инфаркт

el ACV

инсульт

la alergia

аллергия

la tos

кашель

la fiebre

овышенная температура

la gripe

грипп

la diarrea

понос

el dolor de cabeza

головная боль

el cáncer

рак

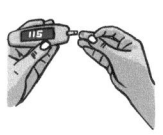

la diabetes

диабет

el cirujano

хирург

el bisturí

скальпель

la operación

операция

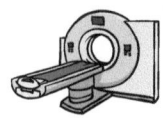

la TC

КТ

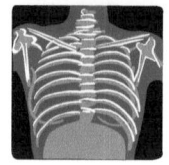

los rayos x

рентген

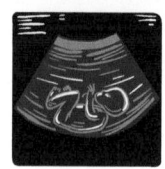

la ecografía

ультразвук

el barbijo

маска

la enfermedad

болезнь

la sala de espera

приёмная

la muleta

костыль

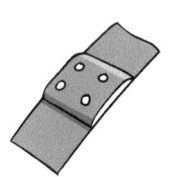

la curita

пластырь

la venda

бинт

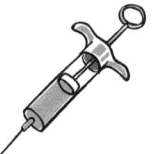

la inyección

укол

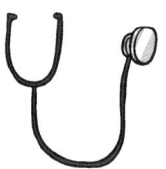

el estetoscopio

стетоскоп

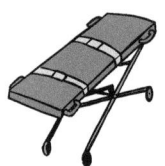

la camilla

носилки

el termómetro

термометр

el nacimiento

рождение

el sobrepeso

избыточный вес

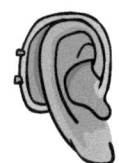

el audífono

слуховой аппарат

el desinfectante

дезинфекционное
средство

la infección

инфекция

el virus

вирус

el VIH / SIDA

ВИЧ / СПИД

el remedio

лекарство

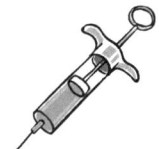

la vacunación

прививка

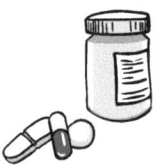

los comprimidos

таблетки

la pastilla anticonceptiva

противозачаточная
таблетка

la llamada de emergencia

экстренный вызов

el tensiómetro

прибор для измерения
кровяного давления

enfermo / sano

больной / здоровый

¡Ayuda!

Помогите!

la alarma

сигнал тревоги

la agresión

нападение

el ataque

атака

el peligro

опасность

la salida de emergencia

запасной выход

¡Fuego!

Пожар!

el matafuego

огнетушитель

el accidente

несчастный случай

el botiquín de primeros
auxilios

аптечка

el SOS

SOS

la policía

милиция

Europa

Европа

América del Norte

Северная Америка

América del Sur

Южная Америка

África

Африка

Asia

Азия

Australia

Австралия

el Atlántico

Атлантический океан

el Pacífico

Тихий океан

el Océano Índico

Индийский океан

el Océano Antártico

Антарктический океан

el Océano Ártico

Северный Ледовитый
океан

el polo norte

Северный полюс

el polo sur

Южный полюс

la Antártida

Антарктика

la Tierra

земля

la tierra

суша

el mar

море

la isla

остров

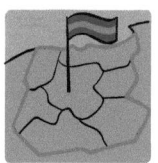

la nación

нация

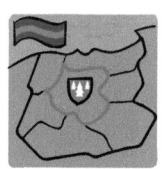

el estado

государство

la esfera

циферблат

la manecilla de las horas

часовая стрелка

el minutero

минутная стрелка

el segundero

секундная стрелка

¿Qué hora es?

Который час?

el día

день

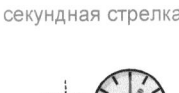

la hora

время

ahora

сейчас

el reloj digital

электронные часы

el minuto

минута

la hora

час

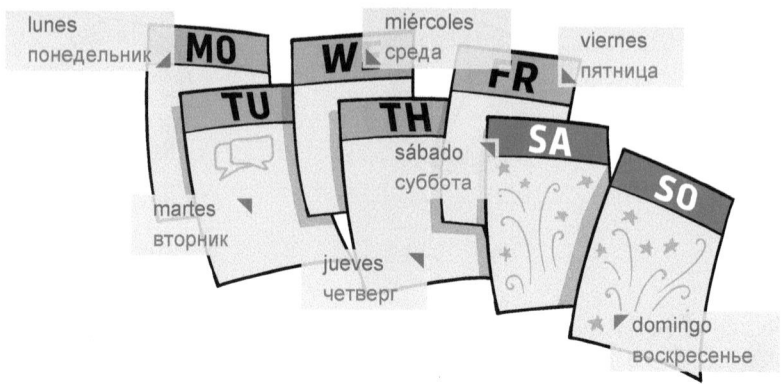

lunes · понедельник
martes · вторник
miércoles · среда
jueves · четверг
viernes · пятница
sábado · суббота
domingo · воскресенье

ayer
вчера

hoy
сегодня

mañana
завтра

la mañana
утро

el mediodía
полдень

la tarde
вечер

los días hábiles
рабочие дни

el fin de semana
выходные

el año

год

la lluvia
дождь
el arco iris
радуга
la nieve
снег
el viento
ветер
la primavera
весна
el otoño
осень
el verano
лето
el invierno
зима

4.APRIL 11°
5.APRIL 4°
6.APRIL 13°
7.APRIL 8°
8.APRIL 10°

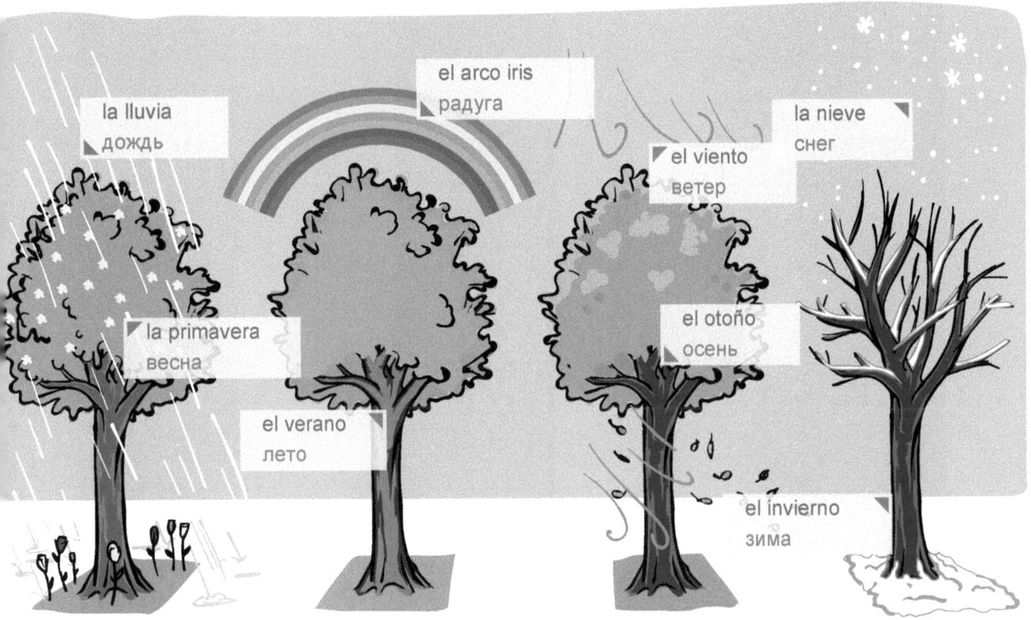

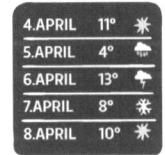

el pronóstico meteorológico

....

прогноз погоды

F C
120 40
90 30
60 20
30 10
0 0
-30 -10
-20

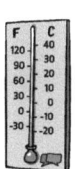

el termómetro

....

термометр

la luz del sol

....

солнечный свет

la nube

....

туча

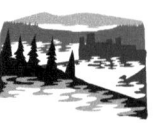

la niebla

....

туман

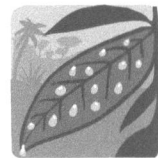

la humedad

....

влажность воздуха

el rayo

молния

el trueno

гром

la tormenta

буря

el granizo

град

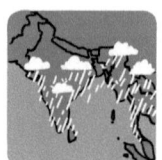

el monzón

муссон

la inundación

наводнение

el hielo

лёд

enero

январь

febrero

февраль

marzo

март

abril

апрель

mayo

май

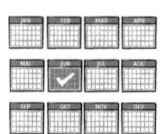

junio

июнь

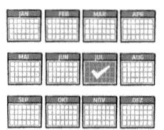

julio

июль

agosto

август

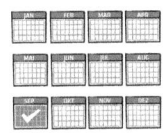

septiembre
....
сентябрь

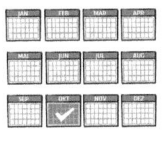

octubre
....
октябрь

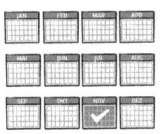

noviembre
....
ноябрь

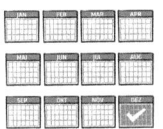

diciembre
....
декабрь

las formas

формы

el círculo
....
круг

el cuadrado
....
квадрат

el rectángulo
....
прямоугольник

el triángulo
....
треугольник

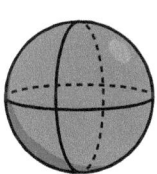

la esfera
....
шар

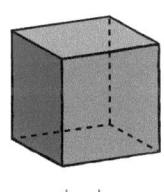

el cubo
....
куб

blanco

белый

amarillo

желтый

naranja

оранжевый

rosa

розовый

rojo

красный

violeta

лиловый

azul

синий

verde

зелёный

marrón

коричневый

gris

серый

negro

черный

mucho / poco

много / мало

enojado / tranquilo

яростный / мирный

lindo / feo

красивый / уродливый

el principio / el fin

начало / конец

grande / chico

большой / маленький

claro / oscuro

светлый / темный

el hermano / la hermana

брат / сестра

limpio / sucio

чистый / грязный

completo / incompleto

полный / неполный

el día / la noche

день / ночь

muerto / vivo

мёртвый / живой

ancho / angosto

широкий / узкий

comestible / no comestible

съедобный / несъедобный

malo / amable

злой / дружелюбный

entusiasmado / aburrido

взволнованный / скучающий

gordo / flaco

толстый / худой

primero / último

сначала / в конце

el amigo / el enemigo

друг / враг

lleno / vacío

полный / пустой

duro / blando

твёрдый / мягкий

pesado / liviano

тяжёлый / легкий

el hambre / la sed

голод / жажда

enfermo / sano

больной / здоровый

ilegal / legal

незаконный / законный

inteligente / estúpido

умный / глупый

izquierda / derecha

слева / справа

cerca / lejos

близко / далеко

nuevo / usado

новый / подержанный

nada / algo

ничто / нечто

viejo / joven

старый / молодой

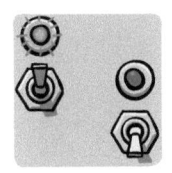

encendido / apagado

включено / выключено

abierto / cerrado

открыто / закрыто

silencioso / ruidoso

тихо / громко

rico / pobre

богатый / бедный

correcto / incorrecto

правильный /
неправильный

áspero / suave

шероховатый / гладкий

triste / contento

печальный / счастливый

corto / largo

короткий / длинный

lento / rápido

медленный / быстрый

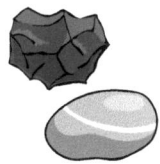

mojado / seco

мокрый / сухой

caliente / frío

тёплый / прохладный

guerra / paz

война / мир

los opuestos - противоположности

87

los números
цифры

0

cero

ноль

1

uno

один

2

dos

два

3

tres

три

4

cuatro

четыре

5

cinco

пять

6

seis

шесть

7

siete

семь

8

ocho

восемь

9

nueve

девять

10

diez

десять

11

once

одиннадцать

12

doce

двенадцать

13

trece

тринадцать

14

catorce

четырнадцать

15

quince

пятнадцать

16

dieciséis

шестнадцать

17

diecisiete

семнадцать

18

dieciocho

восемнадцать

19

diecinueve

девятнадцать

20

veinte

двадцать

100

cien

сто

1.000

mil

тысяча

1.000.000

el millón

миллион

los números - цифры

el inglés

английский

el inglés americano

американский английский

el chino mandarín

мандаринский китайский

el hindi

хинди

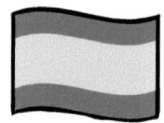

el español

испанский

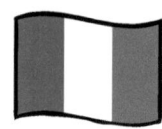

el francés

французский

el árabe

арабский

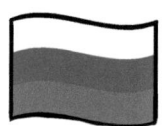

el ruso

русский

el portugués

португальский

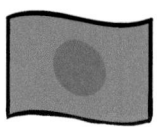

el bengalí

бенгальский

el alemán

немецкий

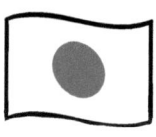

el japonés

японский

yo

я

vos

ты

él / ella

он / она / оно

nosotros

мы

ustedes

вы

ellos

они

¿quién?

кто?

¿qué?

что?

¿cómo?

как?

¿dónde?

где?

¿cuándo?

когда?

el nombre

имя

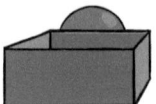

detrás

за

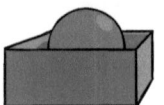

en

в

adelante de

перед

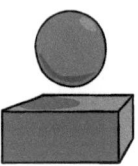

por encima de

над

sobre

на

debajo de

под

al lado de

рядом

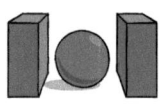

entre

между

el lugar

место